D1857304

Everybody loves it

Auf ins eiskalte Vergnügen! Mit oder ohne Eismaschine, in jedem Fall mit viel Spaß und ohne großen Aufwand zaubern Sie zartschmelzende Cremes für neugierige Dessert-Fans, schnelle Abkühler für heiße Tage, coole Drinks, Sorbets und knallig buntes Eis am Stil – einfach zum Dahinschmelzen! Aus gekauftem Eis ganz schnell oder komplett selbstgemacht.

Eis am Stiel

(Sch)leckereien für kleine und große Genießer.

Gelingt leicht

Zutaten für 12 Stück:
(je 4 grüne, 4 gelbe, 4 orangefarbene)
150 g Zucker
50 ml Pfefferminzlikör (grüner Bols)
150 ml Orangensaft
100 ml Multivitaminsaft
Außerdem: 12 Stieleis-Formen
(gibt es in Küchenläden oder gut sortierten Haushaltswarengeschäften)

- Zubereitungszeit: 20 Min.
- Gefrierzeit: 12 Std.
- Pro Eis etwa: 350 kJ/85 kcal

!

Ganz leicht können Sie auch ein Regenbogen-Eis herstellen. Dazu die Stieleis-Formen heiß auswaschen und zu einem Drittel mit Ananassaft füllen. Formen für 30 Min. tiefkühlen. Danach roten Johannisbeersaft in die Formen einfüllen und tiefkühlen. Als letztes schwarzen Johannisbeersaft einfüllen. Die Formen mindestens 12 Std. tiefkühlen. Wenn Sie keine Stieleis-Formen bekommen, können Sie die Säfte und Mischungen auch in kleine Joghurtbecher füllen, tiefkühlen und dann Holzstäbchen ins fertige Eis stecken.

1

Für den Zuckersirup den Zucker mit 200 ml Wasser aufkochen und bei mittlerer Hitze in 5–7 Min. um ein Viertel sirupartig einköcheln und abkühlen lassen. Die Formen für das Eis am Stiel heiß auswaschen.

2

Für das grüne Eis 50 ml Sirup mit 100 ml Wasser und dem Pfefferminzlikör gründlich verrühren. In vier Eisbehälter füllen und tiefkühlen.

3

Für das gelbe Eis 50 ml Zuckersirup mit dem Orangensaft verrühren. In vier Eisbehälter füllen und tiefkühlen.

4

Für das orangefarbene Eis 50 ml Zuckersirup mit 50 ml Wasser und Multivitaminsaft verrühren. In vier Eisbehälter füllen und mindestens 12 Std. tiefkühlen.

5

Vor dem Servieren das Eis aus den Formen nehmen und nach Belieben Holzstäbchen in das Eis stecken.

Himbeer-Softeis

Ein cremig-zartes Eisvergnügen.

Schnell

Zutaten für 6 Portionen:
500 g Himbeereis (fertig gekauft)
150 g Sahne
1 EL Himbeersirup
6 Fertig-Eishörnchen

- Zubereitungszeit: 10 Min.
- Kühlzeit: 15 Min.
- Pro Portion etwa: 900 kJ/215 kcal

1

Das Himbeereis etwas antauen lassen und leicht cremig rühren.

2

Die Sahne cremig schlagen, Himbeersirup und Himbeereis unterrühren. Die Eismasse in einem Tiefkühlbehälter füllen und 15 Min. tiefkühlen.

3

Vor dem Servieren Himbeereis kurz durchrühren, in einen Spritzbeutel mit großer gezackter Tülle füllen und in die Hörnchen spritzen.

!

Erdbeer-Softeis bereiten Sie mit 1 EL Erdbeersirup oder pürierten Erdbeeren, Sahne und Erdbeereis zu. Für Vanille-Softeis Vanilleeis und Sahne verrühren und mit 1 TL Bourbon-Vanillezucker aromatisieren.

Azzurro-Muscheln

Kalorienarme Erfrischung für die »Blue Hour«.

Raffiniert

Zutaten für 12 Muscheln:
80 g Zucker
1 Zitrone
2 EL Blue Curaçao–Likör
Außerdem: 1 Madeleine-Förmchenblech (gibt es in Haushaltswarengeschäften oder Küchenläden)

- Zubereitungszeit: 20 Min.
- Gefrierzeit: 12 Std.

Pro Portion etwa: 150 kJ/35 kcal

1

Das Madeleine-Förmchenblech kalt ausspülen und im Tiefkühlfach vorkühlen.

2

100 ml Wasser erhitzen. Zucker darin unter Rühren auflösen. Zitrone auspressen, 100 ml Saft zum Zuckerwasser rühren. Alles aufkochen und bei mittlerer Hitze 5 Min. sirupartig einköcheln lassen. Topf zum Abkühlen in Eiswasser stellen.

3

Den Likör unter den abgekühlten Sirup rühren. Die Mischung in die vorgekühlten Madeleine-Förmchen gießen und mindestens 12 Std. tiefkühlen.

!

In Haushaltswarengeschäften bekommen Sie manchmal auch Eiswürfelbehälter in Muschelform oder anderen originellen Formen. Selbstverständlich können Sie das Eis auch darin zubereiten. Cremige Azzurro-Muscheln erhalten Sie so: 500 ml Vanille-Eis leicht cremig rühren. Den Curaçao-Sirup locker unterziehen und in die vorgekühlten Muschelformen füllen.

Schokoladen-Würfel

Damit sich das Eis in Bestform zeigen kann, brauchen Sie etwas Geduld.

Gut vorzubereiten

Zutaten für 12 Portionen:
1000 ml Vanilleeis (fertig gekauft oder selbstgemacht, Rezept Seite 19)
1000 ml Schokoladeneis (fertig gekauft)
100 g Zartbitter-Kuvertüre
Außerdem: 1 kältefeste, rechteckige Form (22 cm x 11 cm, z.B. Tiefkühlbehälter)

- Zubereitungszeit: 30 Min.
- Kühlzeit: 6 Std.

Pro Portion etwa: 780 kJ/190 kcal

!

Zum Tiefkühlen eignen sich die speziellen Kunststoff-Behälter ebenso wie Formen oder Schalen aus Edelstahl, Aluminium oder Jena-Glas.

1

Die Form im Tiefkühlfach 10 Min. vorkühlen. Inzwischen das Vanilleeis und das Schokoladeneis etwas antauen lassen und jeweils leicht cremig rühren.

2

Die vorgekühlte Form mit Klarsichtfolie auslegen. Eine Hälfte der Form mit Vanilleeis füllen, die andere mit Schokoladeneis. Zugedeckt 3 Std. tiefkühlen.

3

Das Eis mit der Klarsichtfolie aus der Form nehmen. Das Vanille- und Schokoladeneis jeweils in quadratische Viertel schneiden. Die Viertel versetzt aufeinanderschichten, so daß ein Würfel entsteht. Den Würfel schnell in Klarsichtfolie wickeln und mindestens 2 Std. tiefkühlen.

4

Die Kuvertüre im Wasserbad schmelzen und in einen Spritzbeutel mit winziger Öffnung füllen. Das Eis mit einem Schokoladengitter überziehen. Mindestens 1 Std. bis zum Servieren tiefkühlen.

Kokos-Eisbällchen

Ein traumhaftes Dessert mit einem Schuß Exotik.

Gelingt leicht

Zutaten für 16 Bällchen:
200 g Kokoscreme (aus dem Asienladen)
100 g Sahne
1 EL Kokoslikör (Batida de Coco)
500 ml Vanilleeis (fertig gekauft oder selbstgemacht, Rezept Seite 19)
60 g Kokosflocken

- Zubereitungszeit: 20 Min.
- Kühlzeit: 3 Std.

Pro Bällchen etwa: 460 kJ/110 kcal

1

Ein Tablett mit Klarsichtfolie auslegen und im Tiefkühlfach vorkühlen. Die Kokoscreme in kleine Würfel schneiden, mit der Sahne in einem Topf bei schwacher Hitze glattrühren und abkühlen lassen. Kokoslikör unterrühren.

2

Das Vanilleeis etwas antauen lassen und cremig rühren, die Kokoscreme unterrühren.

3

Das Kokoseis mit 2 Teelöffeln oder einem kleinen Eiskugelformer zu kleinen Kugeln formen. Kugeln schnell in den Kokosflocken wälzen und nebeneinander auf das vorgekühlte Tablett legen. Abdecken und mindestens 1 Std. tiefkühlen.

4

Die Kokosbällchen nach Belieben auf bunte Spieße stecken und servieren.

!

Die Kokosbällchen mit Mangosirup, frischen Mangoschnitzen und Minzeblättern servieren. Oder die Kugeln auf einem Bananenblatt anrichten.

Lakritz-Eis

Englischer Eisklassiker, der nicht nur Lakritz-Fans schmeckt.

Raffiniert

Zutaten für 12 Portionen:
100 g schwarze Lakritzstückchen (fertig gekauft, z. B. Lakritz-Mix)
500 g Sahne
2 sehr frische Eigelb
1 sehr frisches Ei
80 g Zucker
Lakritzstückchen und Schlagsahne zum Garnieren

- Zubereitungszeit: 30 Min.
- Einweichzeit: 12 Std.
- Gefrierzeit: 12 Std.

Pro Portion etwa: 680 kJ/160 kcal

1

Die Lakritzstückchen mit 250 g Sahne übergießen. Zugedeckt im Kühlschrank 12 Std., am besten über Nacht, ziehen lassen.

2

Die Lakritz-Sahne aus dem Kühlschrank nehmen. Auf einem Sieb die Lakritzstückchen abseihen, die Sahne auffangen. Lakritzstückchen wegwerfen.

3

Ein Wasserbad vorbereiten, d. h. einen Topf zur Hälfte mit Wasser füllen und dieses zum Sieden bringen (Seite 18). Die Eigelbe und das Ei mit dem Zucker in einer zum Topf passenden Edelstahlschüssel verrühren. Die restliche Sahne cremig schlagen. Einen Tiefkühlbehälter im Tiefkühlfach vorkühlen.

4

Die Edelstahlschüssel ins heiße Wasserbad setzen und die Eiercreme mit dem Handrührgerät dickschaumig schlagen. Die flüssige Lakritz-Sahne nach und nach unterrühren. Schüssel in einen Topf mit Eiswasser setzen und die Masse weiterrühren, bis sie abgekühlt ist.

5

Die geschlagene Sahne vorsichtig unter die Lakritz-Masse ziehen.

6

Die Masse in den vorgekühlten Behälter füllen. Mindestens 12 Std., am besten über Nacht, tiefkühlen.

7

Zum Servieren das fertige Eis in Würfel schneiden, mit etwas geschlagener Sahne und Lakritzstückchen verzieren.

Minz-Eis

Minzfrische mit mediterraner Note.

Etwas aufwendiger

Zutaten für 12 Portionen:
1 Bund frische Minze
(ersatzweise 2 EL getrocknete Minze)
2 Zitronen
100 g Zucker
2 EL flüssiger Honig
2 sehr frische Eigelb
2 sehr frische Eier
2 EL Pfefferminzlikör
500 g Sahne
Minzeblättchen und Schoko-Minztäfelchen zum Dekorieren

- Zubereitungszeit: 30 Min.
- Einweichzeit: 12 Std.
- Gefrierzeit: 12 Std.

Pro Portion etwa: 840 kJ/200 kcal

!

Die Sahne für Eis nicht zu steif schlagen, damit sie sich gut mit der vorbereiteten Masse verbindet.
Für ein schnelles Minz-Eis abgekühlten Minzsirup mit fertigem Zitroneneis verrühren.

1

Die Minze waschen, trockenschütteln und von den Stielen zupfen. Mit 300 ml kochendem Wasser übergießen und 12 Std., am besten über Nacht, zugedeckt ziehen lassen.

2

Am nächsten Tag die Minze abseihen, den Tee auffangen. Die Zitronen auspressen. 200 ml Minztee, Zitronensaft, Zucker und Honig in einem Topf aufkochen, unter Rühren bei mittlerer Hitze 5 Min. sirupartig einköcheln und abkühlen lassen.

3

Einen Tiefkühlbehälter im Tiefkühlfach vorkühlen. Ein Wasserbad vorbereiten, d. h. einen Topf zur Hälfte mit Wasser füllen und dieses zum Sieden bringen (Seite 18). Die Eigelbe und die Eier mit dem Minzsirup und dem Likör in einer Edelstahlschüssel verrühren. Die Masse im Wasserbad cremig schlagen. Die Schüssel in einen Topf mit Eiswasser setzen und die Masse weiterrühren, bis sie abgekühlt ist.

4

Die Sahne cremig schlagen und unter die Minzcreme ziehen. Die Masse in den vorgekühlten Behälter füllen und über Nacht gefrieren lassen.

5

Das fertige Eis zu Kugeln formen, mit Schoko-Minztäfelchen und frischen Minzeblättchen garnieren.

Creme im Wasserbad zubereiten

1 Ein Wasserbad vorbereiten, d. h. einen Topf zur Hälfte mit Wasser füllen und dieses zum Sieden bringen. Eine zum Topf passende Edelstahlschüssel bereitstellen.

2 Die Eier und die übrigen Zutaten in der Edelstahlschüssel verrühren, dann die Schüssel ins heiße Wasserbad setzen.

3 Die Masse im Wasserbad mit dem Handrührgerät schlagen, bis sie dickschaumig bis cremig ist.

4 Schüssel dann in einen Topf mit Eiswasser setzen und die Masse weiterrühren, bis sie abgekühlt ist.

Vanilleeis selbermachen

1 Für etwa 500 ml Eis 250 ml Milch mit einer längs aufgeschnittenen Vanilleschote langsam erhitzen. Vanilleschote dann entfernen.

2 4 Eigelbe mit 160 g Zucker in einer Edelstahlschüssel cremig rühren. Mit der Vanillemilch im heißen Wasserbad dickcremig schlagen.

3 Schüssel in einen Topf mit Eiswasser setzen und die Masse weiterrühren, bis sie abgekühlt ist. 250 g Sahne unterrühren, im Kühlschrank durchkühlen lassen

4 Die abgekühlte Vanillecreme in der Eismaschine unter Rühren fest werden lassen, dann in einem Tiefkühlbehälter über Nacht tiefkühlen. Das Eis hält 2 Wochen.

Cappuccino-Parfait

Krönender Abschluß eines italienischen Menüs.

Raffiniert

Zutaten für 8 Portionen:
4 EL frisch gekochter, starker Espresso
100 ml Milch
1 TL reines Kakaopulver
3 sehr frische Eier
2 EL weißer Zucker
300 g Sahne
3 EL brauner Zucker
Schokoladenspäne zum Garnieren
Außerdem: 1 rechteckige, kältefeste Form (z.B. Tiefkühlbehälter)

- Zubereitungszeit: 45 Min.
- Gefrierzeit: 12 Std.

Pro Portion etwa: 280 kJ/65 kcal

1

Die Form kalt ausspülen und im Tiefkühlfach vorkühlen. Espresso mit der Milch und dem Kakaopulver zu Cappuccino in einem Topf verrühren und unter Rühren erhitzen. Danach abkühlen lassen.

2

Inzwischen die Eier trennen, Eiweiße mit dem weißen Zucker steif schlagen. Sahne schlagen. Sahne und Eischnee cremig vermischen und kühl stellen.

3

Ein Wasserbad vorbereiten, d. h. einen Topf zur Hälfte mit Wasser füllen und dieses zum Sieden bringen (Seite 18). Die Eigelbe mit dem braunen Zucker in einer Edelstahlschüssel verrühren. Masse im Wasserbad dickcremig schlagen.

4

In einer zweiten Schüssel 2 EL Eigelbcreme und 4 EL Eischnee-Sahnecreme miteinander vermischen. Die Creme in die vorgekühlte Form geben und für 10 Min. tiefkühlen.

5

Den abgekühlten Cappuccino unter Rühren mit der restlichen Eigelbcreme im Wasserbad cremig aufschlagen. Die Schüssel in einen Topf mit Eiswasser setzen und die Masse weiterrühren, bis sie abgekühlt ist. Danach die restliche Eischnee-Sahnecreme unterziehen.

6

Die Form aus dem Tiefkühler nehmen, Cappuccinocreme einfüllen. Mit Klarsichtfolie abdecken, über Nacht tiefkühlen. Parfait zum Servieren in 8 Scheiben schneiden, mit Schokoladenspänen verzieren.

Orangeneis

Cremig-kühler Fruchtgenuß.

Für Gäste

Zutaten für 6 Portionen:
4 unbehandelte Orangen
4 EL Zucker
2 EL Orangenlikör
1000 ml Vanilleeis (fertig gekauft oder selbstgemacht, Rezept Seite 19)

- Zubereitungszeit: 40 Min.
- Gefrierzeit: 6 Std.

Pro Portion etwa: 1225 kJ/295 kcal

1

Die Orangen heiß abwaschen, abtrocknen, halbieren und den Saft auspressen. Von einer Orange 1 TL Schale abreiben. Aus den restlichen 6 Orangenhälften die weißen Häute mit einem Löffel oder kleinem Messer gründlich entfernen. Orangenhälften im Tiefkühlfach vorkühlen.

2

Den Orangensaft mit der abgeriebenen Schale und dem Zucker aufkochen und bei starker Hitze 5–7 Min. sirupartig einköcheln und abkühlen lassen. Dann Orangenlikör unterrühren.

3

Das Vanilleeis etwas antauen lassen und cremig rühren, abgekühlten Orangensirup nach und nach unterrühren. Orangeneis mindestens 15 Min. tiefkühlen.

4

Mit einem Löffel das Orangeneis locker in die vorgekühlten Hälften füllen und schnell wieder abgedeckt bis zum Servieren 5–6 Std. tiefkühlen.

!

Das Orangeneis sollten Sie nicht länger als 3 Tage vor dem Genuß vorbereiten.

Eis-Muffins

Kleine, feine Erfrischung für heiße Sommertage.

Raffiniert

Zutaten für 12 Muffins:
1 Limette
3 EL Puderzucker oder flüssiger Honig
600 g Sahnejoghurt
250 g Sahne
500 g gemischte Beeren
(z.B. Brombeeren, Heidelbeeren, Erdbeeren, Himbeeren)
2 Zweige Zitronenmelisse
Puderzucker zum Bestäuben
Außerdem: 1 Muffins-Formenblech
12 Papier-Backförmchen

- Zubereitungszeit: 25 Min.
- Gefrierzeit: 6 Std.

Pro Muffin etwa: 380 kJ/90 kcal

1

Das Muffins-Formenblech im Tiefkühlfach vorkühlen. Die Limette auspressen.

2

Den Puderzucker oder Honig mit dem Joghurt und dem Limettensaft kräftig verrühren. Die Sahne cremig schlagen und mit dem Joghurt vermischen.

3

250 g Beeren vorsichtig waschen und putzen. Übrige Beeren beiseite legen.

4

Die Beeren vorsichtig unter die Joghurtcreme heben. Das Muffinsblech aus dem Tiefkühlfach nehmen. Papierförmchen in die Vertiefungen setzen. Die Früchtejoghurtcreme vorsichtig hineinfüllen. Mit Klarsichtfolie abdecken und mindestens 6 Std. tiefkühlen.

5

Vor dem Servieren die restlichen Beeren vorsichtig waschen, putzen und mit Puderzucker bestäuben. Die tiefgekühlten Muffins 15 Min. in den Kühlschrank stellen. Mit den Beeren und der Zitronenmelisse auf Tellern anrichten.

Eis-Guglhupf

Auch an kühlen Tagen ein Hochgenuß.

Für Gäste

Zutaten für 12 Portionen:
200 g kandierte Früchte
(Ananas, Melonen, Kirschen)
2 EL Maraschino oder Grappa
4 sehr frische Eiweiß
200 g Puderzucker
1000 g Sahne
Außerdem: 1 Guglhupf-Form mit 1 1/4 l Inhalt

• Zubereitungszeit: 40 Min.
• Gefrierzeit: 12 Std.

Pro Portion etwa: 1455 kJ/350 kcal

1

Die Guglhupf-Form mit kaltem Wasser ausspülen, mit Klarsichtfolie auslegen und im Tiefkühlfach vorkühlen.

2

Die kandierten Früchte fein würfeln, mit dem Maraschino oder Grappa mischen und zugedeckt etwa 30 Min. durchziehen lassen.

3

Inzwischen ein Wasserbad vorbereiten, d. h. einen Topf zur Hälfte mit Wasser füllen und dieses zum Sieden bringen. Die Eiweiße und den Puderzucker in einer Edelstahlschüssel verrühren. Die Masse im Wasserbad mit dem Handrührgerät zu schnittfestem Eischnee schlagen. Die Sahne cremig schlagen.

4

Von den kandierten Früchten 1 EL zum Garnieren beiseite stellen. Restliche Früchte vorsichtig unter den Eischnee heben. Die Sahne unterziehen.

5

Die Guglhupf-Form aus dem Tiefkühlfach nehmen. Die Masse in die Form füllen, mit Klarsichtfolie abdecken und mindestens 12 Std. tiefkühlen.

6

Vor dem Servieren Eisguglhupf aus der Form stürzen, Klarsichtfolie entfernen. Mit den restlichen Früchten bestreuen.

Tartuffo

Eine kühle Spezialität aus Italien.

Raffiniert

Zutaten für 12 Kugeln:
1000 ml Vanilleeis (fertig gekauft oder selbstgemacht, Rezept Seite 19)
12 Amarettini
2 EL Mandellikör
150 g Vollmilchkuvertüre
100 g fertige Zartbitter-Schokoladenglasur
30 g Pistazienkerne
30 g Krokant (Fertigprodukt)

- Zubereitungszeit: 60 Min.
- Gefrierzeit: 8 Std.

Pro Kugel etwa: 1040 kJ/250 kcal

!

Sie können Tartuffo auch mit Schokoladeneis zubereiten und jeweils eine Amarenakirsche in die Mitte setzen. Wer Mandellikör nicht mag, kann die Amarettini auch mit Pfirsich- oder Aprikosensaft beträufeln.

1

Das Vanilleeis im Kühlschrank etwas antauen lassen. Ein Tablett mit Klarsichtfolie überziehen und im Tiefkühlfach vorkühlen. Die Amarettini in eine flache Schale legen und mit dem Mandellikör beträufeln.

2

Mit einem Eisformer aus dem Vanilleeis eine Kugel formen, in die Kugel ein Amarettini drücken, die Vertiefung mit etwas Eis zustreichen und auf das vorgekühlte Tablett setzen. Auf diese Weise 12 Kugeln formen. Kugeln mindestens 2 Std. tiefkühlen.

3

Die Kuvertüre und die Schokoladenglasur in Stücke brechen und im Wasserbad unter Rühren schmelzen lassen. Die Pistazien sehr fein hacken. Krokant aus der Tüte nehmen.

4

Die Eiskugeln aus dem Tiefkühlfach nehmen. Jeweils eine Kugel auf eine breite Palette oder einen Schaumlöffel setzen und über den Topf mit der geschmolzenen Schokolade halten. Mit einem Löffel schnell flüssige Schokolade über die Kugel gießen. Kugeln jeweils mit Pistazien oder Krokant bestreuen, auf das Tablett setzen und nochmals mindestens 6 Std. tiefkühlen.

Champagner-Sorbet

Ganz einfach gemacht und doch von besonderer Raffinesse.

Gelingt leicht

Zutaten für 6 Portionen:
1 unbehandelte Zitrone
100 g Zucker
1 sehr frisches Eiweiß
1/4 l Champagner

- Zubereitungszeit: 25 Min.
- Gefrierzeit: 20–30 Min. in der Eismaschine oder 5 Std. im Gefriergerät

Pro Portion etwa: 1440 kJ/105 kcal

!

Für ein schnelles Champagner-Sorbet 250 ml Zitroneneis leicht antauen lassen, mit 100 ml Champagner verrühren, in Gläser füllen und servieren.

1

Die Zitrone heiß abwaschen, die Schale dünn abschälen. Die Zitrone halbieren und den Saft auspressen.

2

Den Zucker mit 100 ml Wasser, Zitronensaft und Schale aufkochen, etwa 5 Min. bei mittlerer Hitze einköcheln und abkühlen lassen. Schale herausnehmen, in dünne Streifen schneiden und beiseite legen.

3

Das Eiweiß steif schlagen. Champagner mit dem Zitronensirup verrühren. Eischnee unterrühren.

4

Die Champagnermischung in den Behälter der Eismaschine füllen und 20–30 Min. gefrieren lassen. Oder in eine weite Metallschüssel oder einen Tiefkühlbehälter füllen und 5 Std. tiefkühlen, dabei alle 30 Min. durchrühren.

5

Das Sorbet vor dem Servieren kurz durchrühren. In einen Spritzbeutel mit großer gezackter Tülle füllen und in vorgekühlte Gläser spritzen oder mit dem Kugelformer portionieren. Mit Zitronenschalenstreifen garnieren.

Strawberry–Eisdrink

Fruchtige Erfrischung für liebe Gäste.

Raffiniert

Zutaten für 4 Portionen:
300 g Erdbeeren (tiefgefroren)
2 EL Puderzucker
200 ml Milch
200 ml Sahne
4 Kugeln Erdbeereis (fertig gekauft)

- Zubereitungszeit: 10 Min.

Pro Person etwa: 875 kJ/210 kcal

1

Die tiefgefrorenen Erdbeeren mit dem Puderzucker vermischen und 5 Min. ziehen lassen.

2

Erdbeeren mit Milch und Sahne in einen Mixer geben und kräftig mixen.

3

Jeweils eine Kugel Erdbeereis ins Glas geben, mit der Erdbeermilch auffüllen und sofort servieren.

Caipirinha–Eisdrink

Schneller Drink als eiskalter Verführer.

Gelingt leicht

Zutaten für 4 Portionen:
3 unbehandelte Limetten
100 g Zucker
200 ml gut gekühltes Mineralwasser
1 EL Zuckerrohrschnaps oder Wodka
4 Kugeln Zitroneneis (fertig gekauft)

- Zubereitungszeit: 10 Min.

Pro Portion etwa: 715 kJ/170 kcal

1

Limetten halbieren. 4–6 dünne Scheiben abschneiden. Schale dünn abschneiden. Limetten auspressen. Saft mit Zucker aufkochen und weiterköcheln lassen, bis sich der Zucker gelöst hat. Abkühlen lassen.

2

Limettensirup mit Mineralwasser, Schnaps und Zitroneneis im Mixer kräftig durchmixen.

3

Gläser mit Limettenscheiben und –schale dekorieren. Drink einfüllen und servieren.

Redaktion: Katharina Lisson
Lektorat: Susanne Bodensteiner
Umschlaggestaltung:
Independent Mediendesign/Claudia Fillmann
Titelfoto: Martina Görlach/FoodPhotography Eising
Grafik: Studio Greif
Farbfotos Innenteil: Fotostudio Teubner
Herstellung: Gabie Ismaier
Satz: Computersatz Wirth
Reproduktionen: Fotolito Longo
Druck und Bindung: Auer
ISBN: 3-7742-1278-3

Auflage:	5.	4.	3.	2.	
Jahr:	2003	2002	2001	2000	1999